लाल किला

दिल्ली का लाल किला मुगल बादशाह शाहजहाँ द्वारा सन् 1648 में बनाया गया। यह भारत के महान् ऐतिहासिक स्मारकों में से एक है। इसकी दीवारों का निर्माण 30 मीटर ऊँचे पत्थरों का प्रयोग करके किया गया है। इसे लाल पत्थरों और संगमरमर का प्रयोग करके उस समय के कुशल कारीगरों द्वारा बनाया गया था। इसके निर्माण को पूरा करने में लगभग नौ साल लगे। लाल बलुआ पत्थर से बनाया जाने के कारण इसे लाल किला कहा जाने लगा। इसके अंदर संग्रहालय में मुगल काल के ऐतिहासिक अवशेष रखे गए हैं।

ग्वालियर किला

ग्वालियर किला दो भागों में बँटा हुआ है—एक भाग गूजरी महल और दूसरा मन मंदिर। इसे 8वीं शताब्दी में राजा मानसिंह तोमर ने बनवाया था। स्थानीय लोगों के अनुसार इसका निर्माण 'ग्वालिपा' साधु के नाम पर किया गया। इसी साधु ने तालाब का पवित्र जल पिलाकर राजा सूरजसेन के कुष्ठ रोग का उपचार किया था। किले तक पहुँचने के लिए दो रास्ते हैं—पहला, ग्वालियर गेट और दूसरा, ऊरवाई गेट। इसके दो मुख्य दरवाजे हैं—पहला, उत्तर-पूर्व (हाथीपूल) और दूसरा, दक्षिण-पश्चिम (बदालगढ़ द्वार)।

आगरा किला

आगरा का किला ताजमहल से करीब 2.5 कि.मी. उत्तर-पश्चिम में स्थित है। किले को एक दीवार वाले विशाल राजसी शहर के रूप में भी वर्णित किया गया है। यह अकबर द्वारा लाल बलुआ पत्थर से बनाया गया। वास्तुकार के द्वारा बाहरी सतहों पर बलुआ पत्थर के साथ आंतरिक कोर को ईंटों के साथ बनाया गया, करीब 14,44,000 शिल्पियों और मजदूरों ने इस पर आठ साल तक काम किया। सन् 1573 में यह बनकर पूरा तैयार हो गया था।

जैसलमेर किला

जैसलमेर किला थार मरुस्थल के त्रिकुटा पर्वत पर 1156 ई. में रावल जैसल ने बनवाया था। किले में पीले रंग के भारी बलुआ पत्थरों की दीवारें बनी हैं। दिन के समय सूरज की रोशनी में किले की दीवारें हलके सुनहरे रंग की दिखती हैं। इसी कारण यह किला 'सोनार किला' या 'गोल्डन फोर्ट' भी कहा जाता है। यह किला 1500 फीट लंबा और 750 फीट चौड़ा है, जो 250 फीट ऊँचे पर्वत पर स्थित है। किले का तहखाना 15 फीट लंबा है। किले के कुल चार प्रवेश द्वारों में से एक द्वार पर तोपें भी लगी हुई हैं।

जूनागढ़ किला

जूनागढ़ किला राजस्थान राज्य के बीकानेर शहर में है। इस किले को वास्तव में 'चिंतामणि किले' और 'बीकानेर किले' के नाम से जाना जाता है। इसकी नींव 30 जनवरी, 1586 को रखी गई और इसका निर्माण आठ साल बाद 17 फरवरी, 1594 को पूरा हुआ। किले पर लाल पत्थरों को तराशकर बनाए गए कंगूरे देखने में बहुत ही सुंदर लगते हैं। गढ़ के पूरब और पश्चिम के दरवाजों को कर्णपोल व चाँदपोल कहते हैं। मुख्य द्वार सूरजपोल के अलावा दौलतपोल, फतहपोल, तरनपोल और ध्रुवपोल हैं।

मेहरानगढ़ किला

मेहरानगढ़ किले का निर्माण राजस्थान के जोधपुर में सन् 1460 में राव जोधा ने कराया था। यह किला शहर से 410 फीट की ऊँचाई पर स्थित है। इसकी सीमा में स्थित महल जटिल नक्काशी के लिए जाने जाते हैं। शहर के निचले भाग से ही किले में आने के लिए एक घुमावदार रास्ता भी है। इस किले में कुल सात दरवाजे हैं। मेहरानगढ़ किले का संग्रहालय राजस्थान सबसे प्रसिद्ध संग्रहालयों में से एक है। यह संग्रहालय राठौर की सेना, पोशाक, चित्र और डेकोरेटेड कमरों की विरासत को भी दरशाता है।

गोलकोंडा किला

गोलकोंडा किले को 'गोल्ला कोंडा' के नाम से भी जाना जाता है। गोलकोंडा कुतबशाही साम्राज्य (सन् 1518-1687) के मध्यकालीन सल्तनत की राजधानी थी। यह किला हैदराबाद के दक्षिण से 11 किलोमीटर दूरी पर तेलंगाना राज्य में स्थित है। इसे 17वीं शताब्दी तक हीरे का एक प्रसिद्ध बाजार माना जाता था। इससे दुनिया को कुछ सर्वोत्तम हीरे मिले, जिसमें कोहिनूर शामिल है। गोलकोंडा में 4 अलग-अलग किलों का समावेश है, जिसकी 10 किलोमीटर लंबी बाहरी दीवार है, 8 प्रवेश द्वार हैं और 4 उठाऊ पुल हैं।

चित्तौड़गढ़ किला

चित्तौड़गढ़ किला 'मेवाड़ की राजधानी' के नाम से जाना जाता है। पहले इस पर गुहिलोट का शासन था और बाद में सिसोदिया का शासनकाल रहा। यह किला 180 मीटर की ऊँचाई पर पहाड़ी पर बना हुआ है और 691.9 एकड़ के क्षेत्र में फैला है। इसका निर्माण 7वीं शताब्दी में मौर्य के शासन काल में किया गया था। चित्तौड़गढ़ किला लगभग 834 सालों तक मेवाड़ की राजधानी रहा। इसकी स्थापना 734 AD में मेवाड़ के सिसोदिया वंश के शासक बाप्पा रावल ने की थी।

पलामू किला

पलामू जिले के डालटनगंज शहर से 30 कि.मी. दूर दक्षिण-पूर्व में स्थित बेतला के घने जंगलों के बीच पलामू का ऐतिहासिक किला अपनी बेबसी और उपेक्षा के दंश को झेलता आज भी पूरी शानो-शौकत से खड़ा है। यहाँ का इतिहास प्रागैतिहासिक काल से होते हुए रामायण और महाभारत से भी जुड़ता है। रामायण काल को लेकर यहाँ एक कथा प्रचलित है कि यह राजा दशरथ के अधीन था और श्रीराम के विवाह के अवसर पर उन्होंने यहाँ के बाजा बजानेवाले को बख्शीश में दे दिया था।

झाँसी किला

झाँसी का किला उत्तर प्रदेश में भंगीरा पहाड़ी पर स्थित है। इसका निर्माण सन् 1613 में ओरछा साम्राज्य के शासक और बुंदेल राजपूत के चीफ बीर सिंह देव ने किया था। बुंदेला का यह सबसे शक्तिशाली गढ़ हुआ करता था। इस किले में 10 प्रवेश द्वार हैं—लक्ष्मी द्वार, ओरछा द्वार, सागर द्वार, झरना द्वार और अन्य। झाँसी किला वीरता, शक्ति और गौरव का प्रतीक है। प्रसिद्ध कड़क बिजली और भवानी शंकर नाम की तोप भी इसमें रखी हुई हैं। यह रानी लक्ष्मीबाई और अंग्रेजों के बीच भीषण युद्ध का साक्षी है।

काँगड़ा किला

काँगड़ा के शाही परिवार द्वारा निर्मित यह किला हिमाचल प्रदेश के काँगड़ा घाटी में बाणगंगा और माँझी नदियों के संगम पर स्थित है। यह हिमालय का सबसे बड़ा और भारत का सबसे पुराना किला है। इसी किले में व्रजेश्वरी मंदिर है। इसे 'नगर कोट' के नाम से भी जाना जाता है। समुद्र स्तर से 350 फुट की ऊँचाई पर स्थित यह किला 4 किलोमीटर के क्षेत्र में फैला है। यह किला दो विशाल और मोटी दीवारों से घिरा है। काँगड़ा के पहले गवर्नर नवाब अलिफ़ खान ने इस किले के द्वारों का निर्माण कराया था।

प्रतापगढ़ किला

प्रतापगढ़ का किला महाराष्ट्र में सातारा जिले में स्थित है। छत्रपति शिवाजी महाराज ने इस किले को नीरा और कोयना नदियों की ओर से सुरक्षा बढ़ाने के उद्देश्य से बनवाया था। 1656 में किले का निर्माण पूर्ण हुआ था। समुद्र से 1000 मीटर की ऊँचाई पर स्थित इस किले के उत्तर-पश्चिम में भगवान् शिव का एक मंदिर स्थापित है। इसे दो भागों में विभाजित किया जाता है—ऊपरी भाग और निचला भाग। किले के दक्षिण-पूर्व भाग में अफजल खान का एक मकबरा भी बना हुआ है, जो इसका मुख्य आकर्षण है।

नवरतनगढ़ किला

नवरतनगढ़ का किला करीब 100 एकड़ में फैला है। यह किला नागवंशियों द्वारा मुगल स्थापत्य का पहला राजमहल माना जाता है। अपने अनूठे मौलिक सौंदर्य व स्थापत्य कला के कारण खास पहचान बनानेवाले इस राजमहल का निर्माण 16वीं शताब्दी में नागवंशी राजा दुर्जन शाल ने कराया था। इस किले को 'झारखंड का हंपी' भी कहा जाता है।

शाहपुर किला

डालटनगंज शहर के ठीक सामने कोयल नदी के पश्चिमी तट पर चेरो राजा गोपाल राय के किले का निर्माण 1772 ई. में किया गया था। इस किले का दृश्य भी मनोहारी है। पास में कोयल नदी बहती है। यह किला ईंटों से बना है। इसके बुर्ज पर दो कोठरियाँ और तोप व बंदूक से फायर करने के लिए छिद्र बने हुए हैं। दूसरी मंजिल पर शीश महल है। तीसरी मंजिल पर स्थित सभा-कक्ष के द्वार पर सुंदर नक्काशी की गई है। भीतर की दीवारों पर बेल बूटों की नक्काशी है। किले के सामने ही शाहपुर घाट पर एक मंदिर भी है।

भानगढ़ किला

भानगढ़ का किला अलवर जिले में पहाड़ियों की अरवली शृंखला में आमेर के राजा भगवंत दास ने 1573 में बनवाया था। भानगढ़ का किला चारदीवारी से घिरा है, जिसके अंदर प्रवेश करते ही दाईं ओर कुछ हवेलियों के अवशेष दिखाई देते हैं। सामने बाजार है, जिसमें सड़क के दोनों तरफ कतार में बनाई गई दो मंजिली दुकानों के खँडहर हैं। ऐसा माना जाता है कि यहाँ पर आज भी भूत रहते हैं, आज भी यहाँ सूर्य उदय होने से पहले और सूर्य अस्त होने के बाद किसी को रुकने की इजाजत नहीं है।

रणथंभौर किला

चौहान वंश के राजपूत राजा सपलक्ष ने 944 ई. में किले का निर्माण शुरू कराया और उसके बाद से उनके कई उत्तराधिकारियों ने इसमें योगदा दिया। राव हम्मीर देव चौहान की भूमिका इसके निर्माण में प्रमुख मानी जाती है। यह यूनेस्को की विरासत सूची में विश्व धरोहर घोषित है। किले के अंदर हिंदू मंदिर हैं। दुर्ग में प्रवेश हेतु नोलखा दरवाजा, हाथीपोल, गणेशपोल, सूरजपोल और त्रिपोलिया इस दुर्ग के प्रमुख प्रवेश द्वार हैं। दुर्ग में हम्मीर महल, रानी महल, सुपारी महल, बादल महल आदि उल्लेखनीय महल हैं।